BIANCA BALZER

Songbuch 2

BIANCA BALZER

Songbuch 2

Impressum

Texte: Autorin und Komponistin Bianca Balzer, Puschkinstr. 1, 14542 Werder Havel

Lektorat: Dr. Alexandra Sept, München

Covergestaltung: oliviaprodesign

Fotografin: https://uniquephoto.de/

Musikalische Notation und Formatierung: Sebastian Claas, München

Berater: Diplom-Musikpädagoge Stefan Klucke

Autorinnen-Webseite: www.bianca-balzer.de

© 2025 Alle Rechte vorbehalten.

All rights reserved.

Verlag: BoD · Books on Demand GmbH, In de Tarpen 42, 22848 Norderstedt, bod@bod.de

Druck: Libri Plureos GmbH, Friedensallee 273, 22763 Hamburg

Das Werk, einschließlich seiner Teile, ist urheberrechtlich geschützt.

Folgt mir auf

TikTok: https://tiktok.com/@biancabalzerkomponistin

Facebook: https://bit.ly/3lYvkfi

Instagram: https://www.instagram.com/balzerbianca/

Telegram: https://t.me/neuesvonbiancabalzer

ISBN: 978-3-7693-3967-3

DIESES BUCH GEHÖRT:

....

Alles auf einen Blick

Flieg hoch

Bianca Balzer

1. Strophe:

Flieg hoch, so hoch. Diese Welt ist wunderschön.
Flieg hoch, so hoch. Irgendwann wirst du's versteh'n.
Eine Welt voller Liebe, Sonnenschein und Leichtigkeit.
Flieg hoch, so hoch. Bist du dafür bereit?

2. Strophe:

Flieg hoch, so hoch. Diese Welt darfst du jetzt seh'n.
Flieg hoch, so hoch. Beide werden wir jetzt geh'n.
Eine Welt voller Liebe, Sonnenschein und Leichtigkeit.
Flieg hoch, so hoch. Jetzt ist es an der Zeit.

3. Strophe:

Flieg hoch, so hoch. Eine Welt, so wunderschön.
Flieg hoch, so hoch. Deine Liebsten werden dich seh'n.
Eine Welt voller Liebe, Sonnenschein und Leichtigkeit.
Flieg hoch, so hoch. Hierher werden wir jetzt geh'n.

Flieg hoch

Bianca Balzer

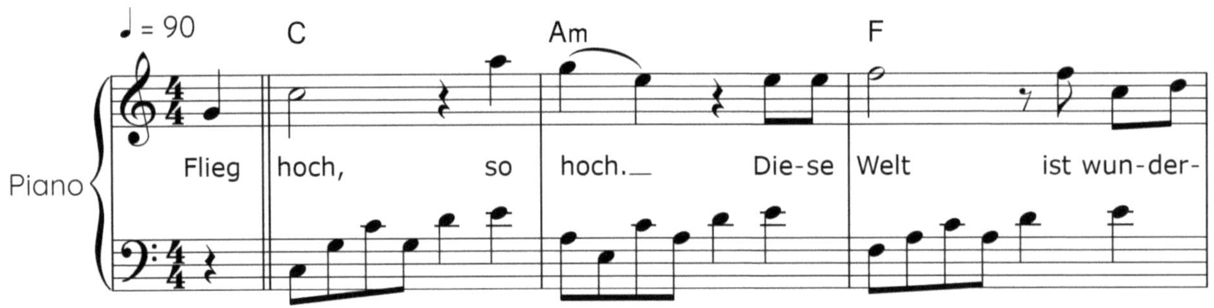

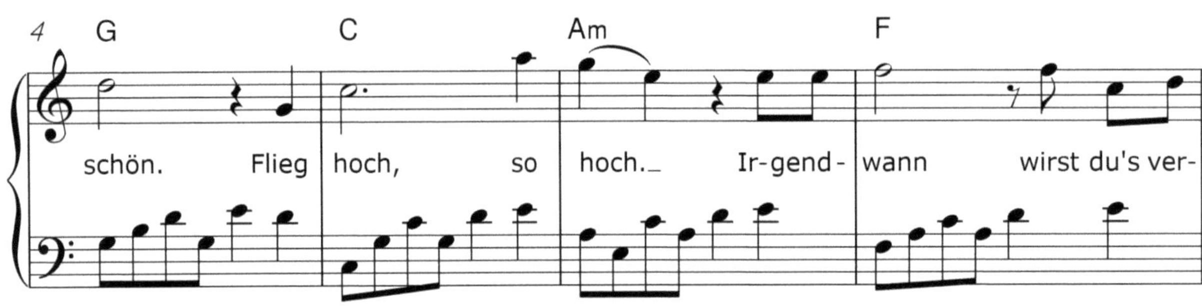

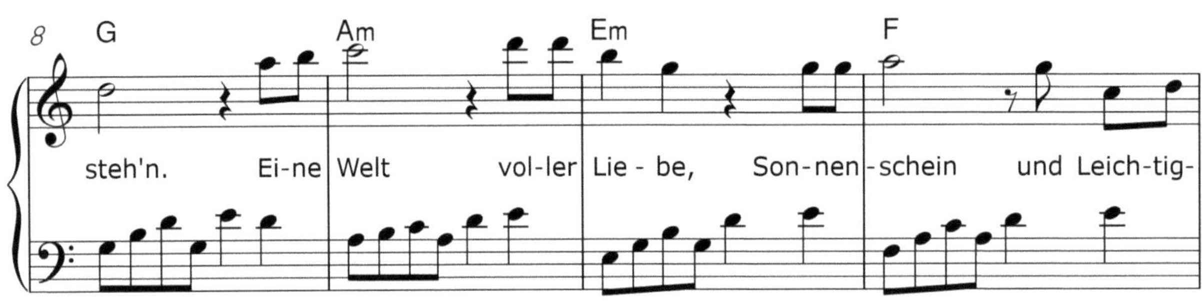

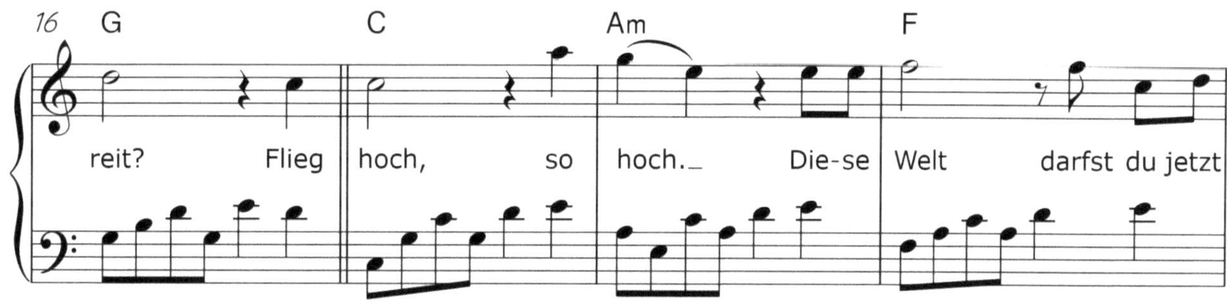

16 G   C   Am   F
reit? Flieg hoch, so hoch._ Die-se Welt darfst du jetzt

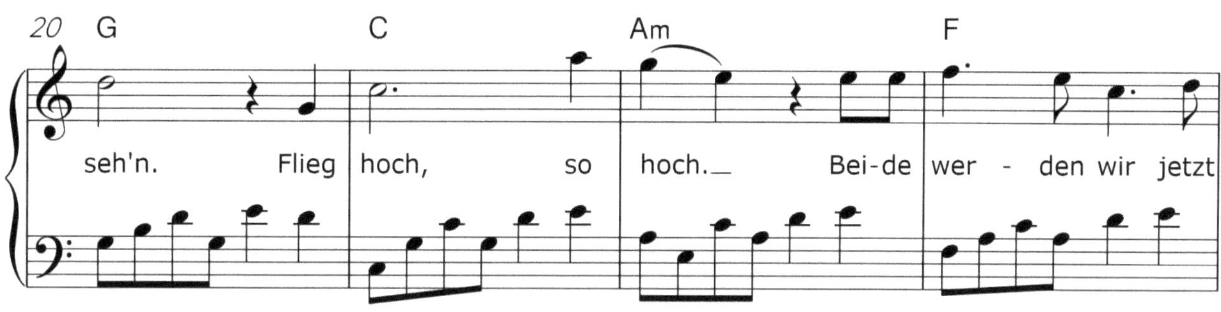

20 G   C   Am   F
seh'n. Flieg hoch, so hoch._ Bei-de wer - den wir jetzt

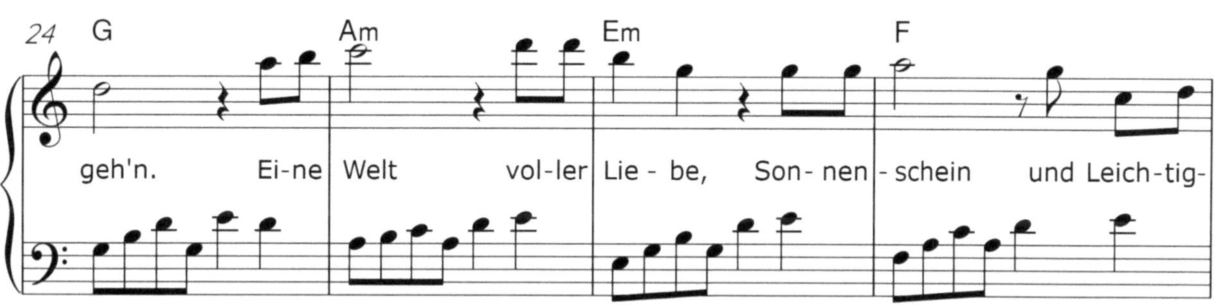

24 G   Am   Em   F
geh'n. Ei-ne Welt vol-ler Lie - be, Son - nen - schein und Leich-tig-

28 G   Am   Em   F
keit. Flieg hoch, so hoch._ Jetzt ist es an der

G C Am F
Zeit. Flieg hoch, so hoch._ Ei-ne Welt, so wun-der-

G C Am F
schön. Flieg hoch, so hoch._ Dei-ne Lieb - sten werden dich

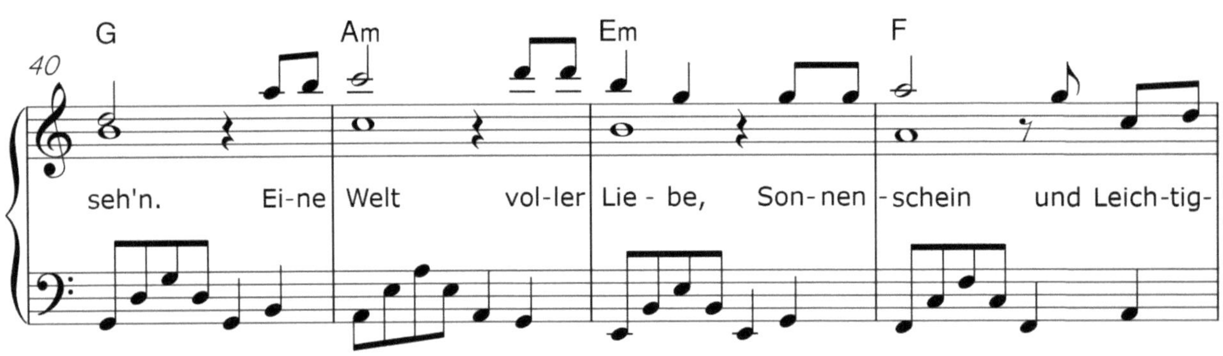

G Am Em F
seh'n. Ei-ne Welt vol-ler Lie - be, Son-nen-schein und Leich-tig-

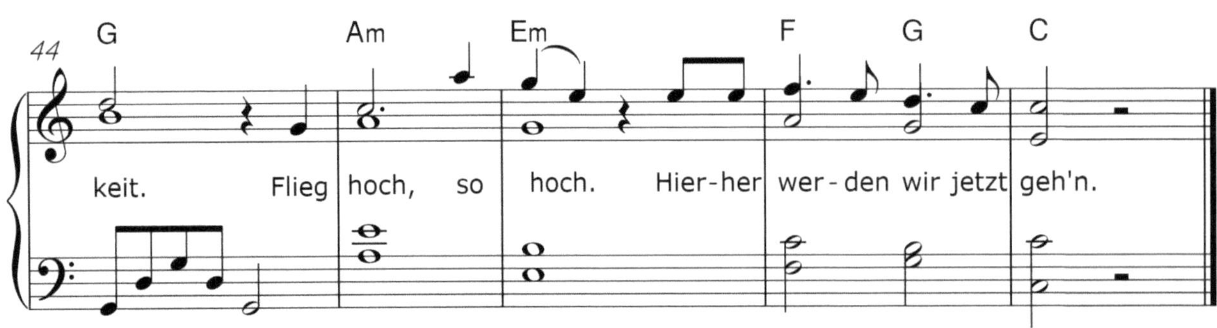

G Am Em F G C
keit. Flieg hoch, so hoch. Hier-her wer-den wir jetzt geh'n.

Stresskiller
Bianca Balzer

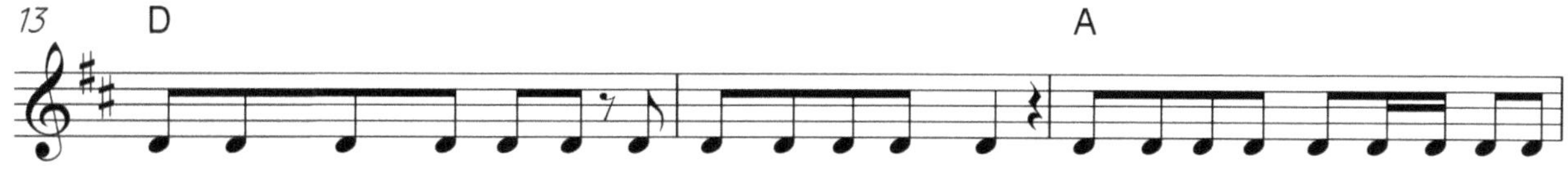

Refrain:
Nudeln essen wir so gerne.
Augen leuchten dann wie Sterne.
Kommt, esst doch alle mit.
Stresskiller ist der Hit.
Nudeln essen wir so gerne.
Augen leuchten dann wie Sterne.
Kommt, esst doch alle mit.
Stresskiller ist der Hit.

Strophe:
Wenn ich von der Schule komme, liegen alle Nerven blank.
Bin ich dann auch noch allein, guck ich in den Küchenschrank.
Ich muss schnell was essen. Ich steh voll unter Strom.
Sie sind Energie für die Insulinproduktion.

Ich koche mir jetzt Nudeln, das ist doch vollkommen klar.
In zehn Minuten ist der super Stoff für mich endlich da.
Nudeln machen glücklich und helfen gegen Stress.
Ob Babette oder Bucatini, bitte alles per Express.

Refrain (2x)

Stresskiller

Bianca Balzer

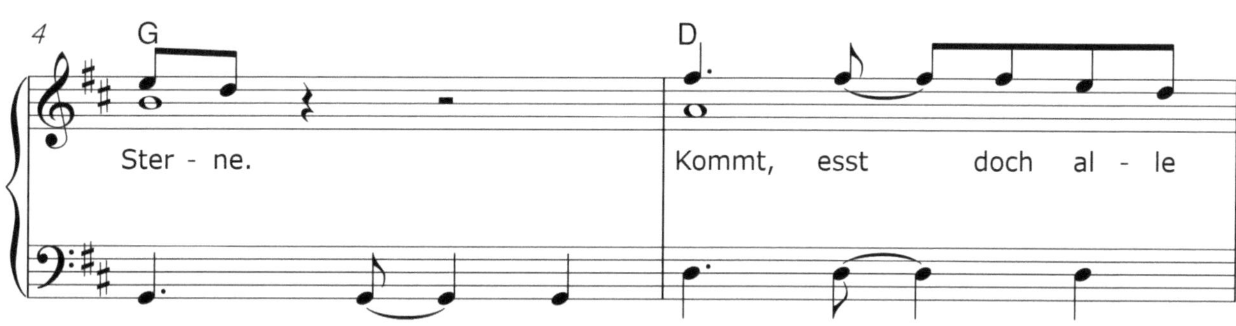

A
simile
G
Bin ich dann auch noch al - lein, guck ich in den Kü - chen- schrank.
D
Ich muss schnell was es - sen. Ich steh voll un - ter Strom.
A
G
Sie sind E - ner - gie für die In - su - lin - pro - duk - tion. Ich
D
ko - che mir jetzt Nu - deln, das ist doch voll - kommen klar. In
A
G
zehn Mi - nu - ten ist der su - per Stoff für mich end - lich da.

Nu - deln ma - chen glück - lich und hel - fen ge - gen Stress. Ob
Ba - bette o - der Bu - ca - ti - ni, bit - te al - les per Ex - press.
Nu - deln es - sen wir so ger - ne. Au - gen leuch - ten dann wie
Ster - ne. Kommt, esst doch al - le
mit. Stress - kil - ler ist der Hit.

Adventszauber
Bianca Balzer

18

22 A   D
ha - ben wir Spaß. Mo-ritz krab-belt am Bo - den, strahlt ü - bers Ge-sicht. Ü-ber-
25 E   A
all leuch - ten Lich - ter, es wird weih-nacht-lich. Schwupp die...
27 Refrain
Der
29 A   Hm   E
Weih-nachts-markt ist am drit-ten Ad-vent. Bun-te Lich-ter, vie-le Stän-de, so wie
32 A   D
je - der es kennt. Zu-cker-wat-te, bun-te Äp-fel, süß und def-tig gibt es auch. So wie
35 E   A
je - der es mag, das füllt dei - nen Bauch. Schwupp die...
37 Refrain
Heu - te
39 A   Hm   E
ist es ganz kusche-lig am vier-ten Ad-vent. Wir sit-zen ganz ge-müt-lich, die
42 A   D
letz-te Ker-ze brennt. Die De-cke flau-schig weich, wir hö-ren lei-se zu.

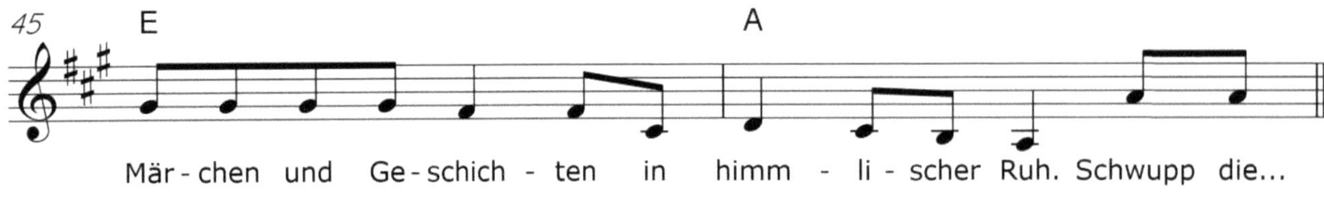

Refrain:
Schwupp die wupp, schwupp die wupp, Adventszauberzeit,
Schwupp die wupp, schwupp die wupp, bald ist es so weit.
Schwupp die wupp, schwupp die wupp, wir freuen uns sehr.
Schwupp die wupp, schwupp die wupp, kommt alle her.

1. Strophe:
Der erste Advent, die erste Kerze brennt.
Heute backen wir und legen Plätzchen aufs Papier.
Mond, Sterne, Engel, alle sind dabei.
Es duftet so lecker in der Weihnachtsbäckerei.

Refrain

2. Strophe:
Am zweiten Advent, schon die zweite Kerze brennt.
Wir basteln und singen, alle haben wir Spaß.
Moritz krabbelt am Boden, strahlt übers Gesicht.
Überall leuchten Lichter, es wird weihnachtlich.

Refrain

3. Strophe:
Der Weihnachtsmarkt ist am dritten Advent.
Bunte Lichter, viele Stände, so wie jeder es kennt.
Zuckerwatte, bunte Äpfel, süß und deftig gibt es auch.
So wie jeder es mag, das füllt deinen Bauch.

Refrain

4. Strophe:
Heute ist es ganz kuschelig am vierten Advent.
Wir sitzen ganz gemütlich, die letzte Kerze brennt.
Die Decke flauschig weich, wir hören leise zu.
Märchen und Geschichten in himmlischer Ruh.

Refrain

Adventszauber

Bianca Balzer

12
A
D
Plätz-chen aufs Pa-pier. Mond, Ster-ne, En-gel, al-le sind da-bei. Es

15
E
A
duf-tet so le-cker in der Weih-nachts-bä-cke-rei. Schwupp die...

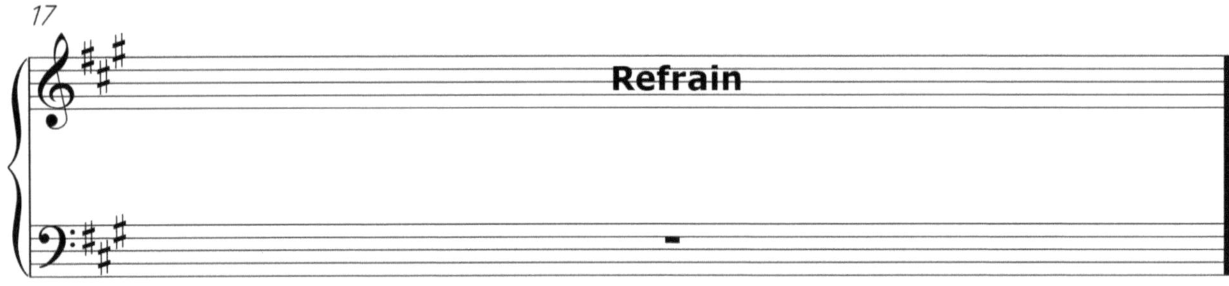

17
Refrain

18
A
Hm
Am zwei-ten Ad-vent, schon die zwei-te Ker-ze brennt. Wir

21
E
A
bas-teln und sin-gen, al-le ha-ben wir Spaß. Mo-ritz krab-belt am Bo-den, strahlt

24
D   E   A
ü-bers Ge-sicht. Ü-ber-all leuch-ten Lich-ter, es wird weih-nacht-lich. Schwupp die..

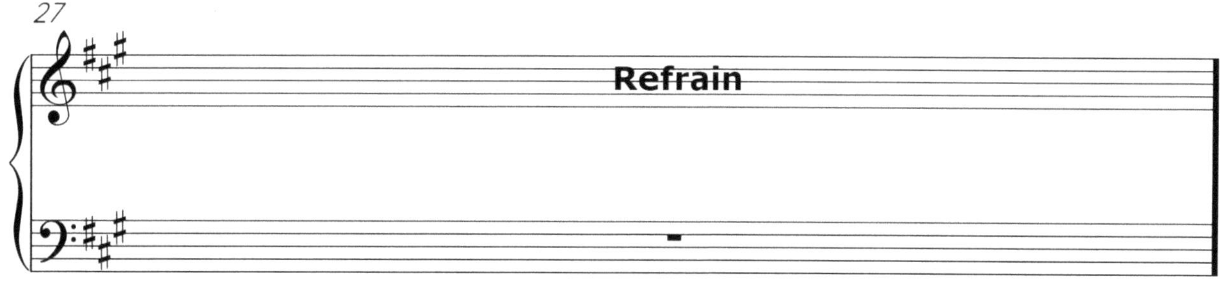

27
Refrain

28   A   Hm
Der Weih-nachts-markt ist am drit-ten Ad-vent. Bun-te

31   E   A
Lich-ter, vie-le Stän-de, so wie je-der es kennt. Zu-cker-wat-te, bun-te Äp-fel, süß und

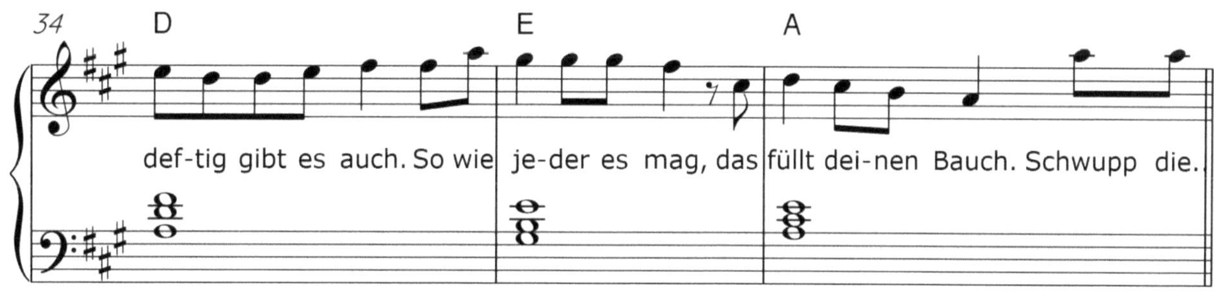

34   D   E   A
def-tig gibt es auch. So wie je-der es mag, das füllt dei-nen Bauch. Schwupp die..

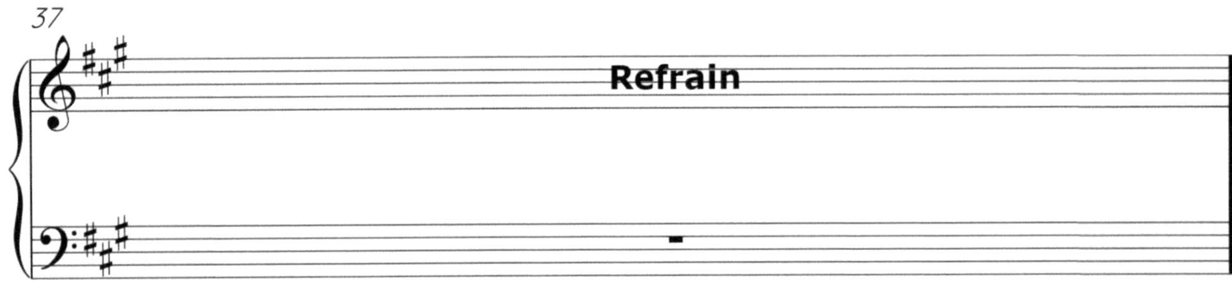

37
Refrain

38
A
Hm
Heu-te ist es ganz kusche-lig am vier - ten Ad- vent. Wir

41
E
A
sit-zen ganz ge-müt-lich, die letz-te Ker-ze brennt. Die De-cke flau-schig weich, wir

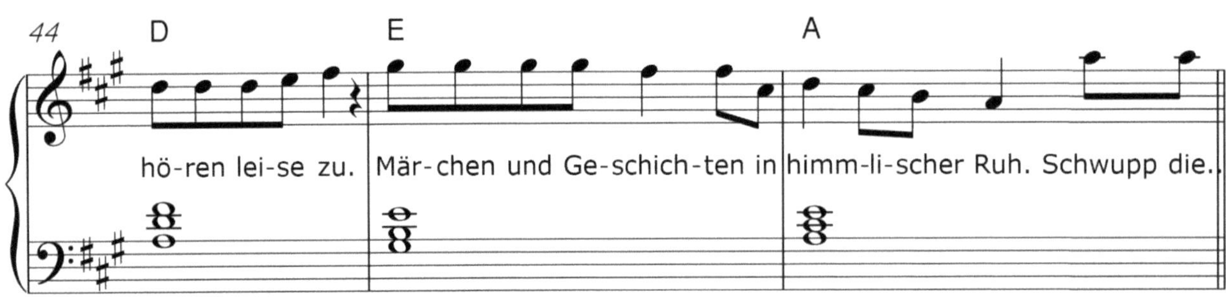

44
D
E
A
hö-ren lei-se zu. Mär-chen und Ge-schich-ten in himm-li-scher Ruh. Schwupp die..

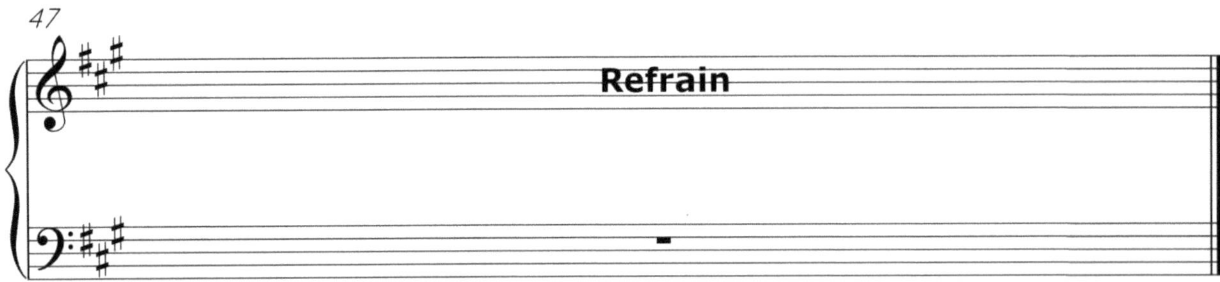

47
Refrain

Engel beschützen dich
Bianca Balzer

Em   Em   D   Am
um-hüllt es dich.   Es er-hellt   uns-re   Welt,   die den A -

C   Em   C
tem an - hält.____________   Siehst du__________   die - ses

Em   C   D(sus 4)   D
Licht?   Es än - dert________   dei - ne   Sicht.__________

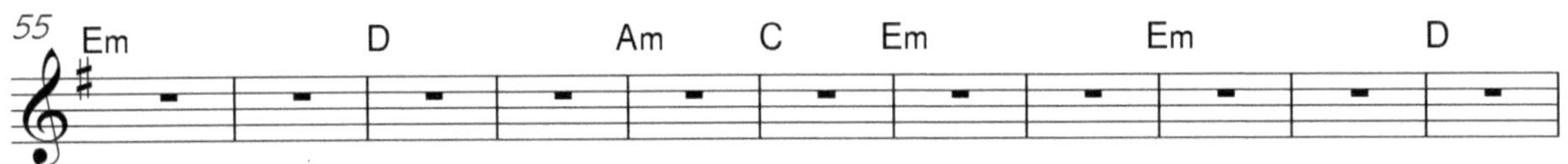
Em   D   Am   C   Em   Em   D

Solo
Uuuuh....   Uuuuh....   Uuuuh....
Am   C   Em   C   Em   C

Solo
Uuuuh....
D(sus 4)   D   C
Schlaf ein,   En-gel be - schüt-zen dich.   Schlaf

Schlaf ein, Engel beschützen dich
Schlaf ein, Engel beschützen dich

Chor:
Schlaf ein, Engel beschützen dich (8x)

Solo:
In Freiheit leben, das möchte ich.
Ich singe heut für dich.
Es erstrahlt ein warmes Friedenslicht und erhellt unsre Welt.
Siehst du dieses Licht?
Voller Wärme umhüllt es dich.
Es erhellt unsre Welt, die den Atem anhält.
Siehst du dieses Licht?
Es ändert deine Sicht.

Engel:
Ich spreche zu dir. Ich bin dein Engel. Deine Mama und dein Papa sind
immer bei dir. Sie lieben dich und ich, ich kleiner weißer Engel, wache
über dich. Wärme umhüllt dich, Schatten verschwinden, du wirst dich
gleich im Traumland befinden.

Solo:
Uuuuuh .....
Chor: *(Solo weiter auf Uuuuuh...)*
Schlaf ein, Engel beschützen dich (4x)
Chor: *(weiter ohne Solo)*
Schlaf ein, Engel beschützen dich (4x)

Engel beschützen dich

Bianca Balzer

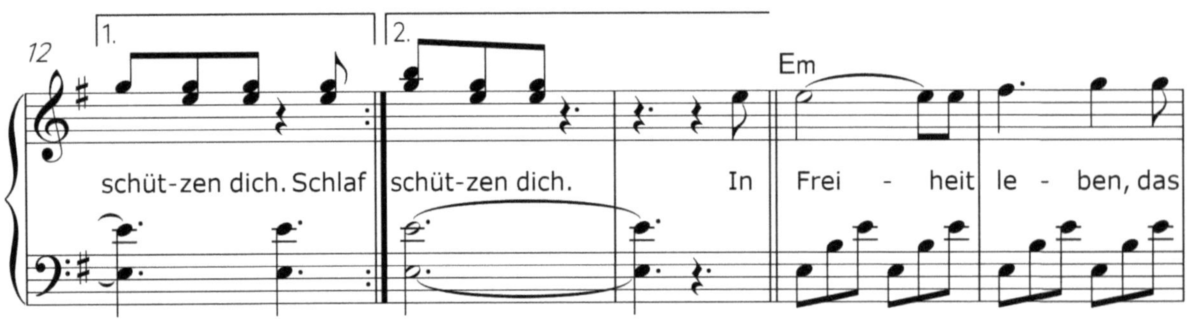

D   Am   C   Em
möch - te ich. Ich sin - ge heut für dich.

Em   D
Es er - strahlt ein war - mes Frie - dens - licht und er-

Am   C   Em   C
hellt uns - re Welt. Siehst du

Em   C
die - ses Licht? Vol - ler Wär - me um-hüllt es

Em   Em   D
dich. Es er-hellt uns - re Welt,

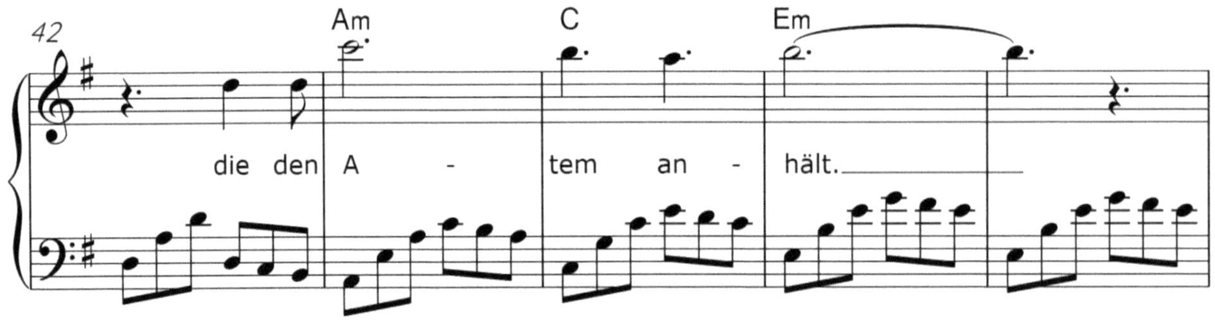

42
Am
C
Em
die den A - tem an - hält.

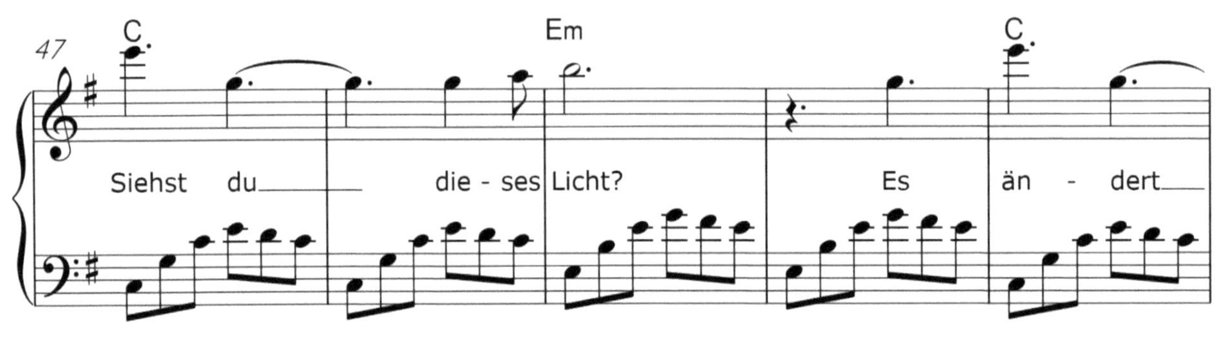

47
C
Em
C
Siehst du die - ses Licht? Es än - dert

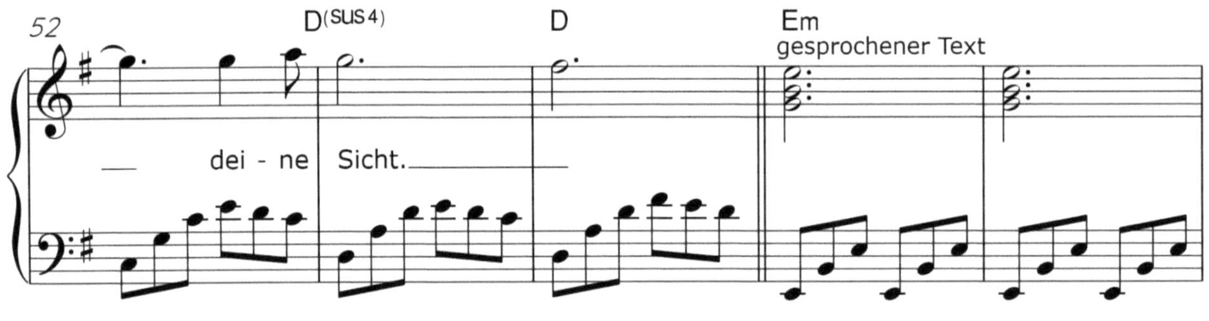

52
D(sus 4)
D
Em
gesprochener Text
dei - ne Sicht.

57
D
Am
C
Em

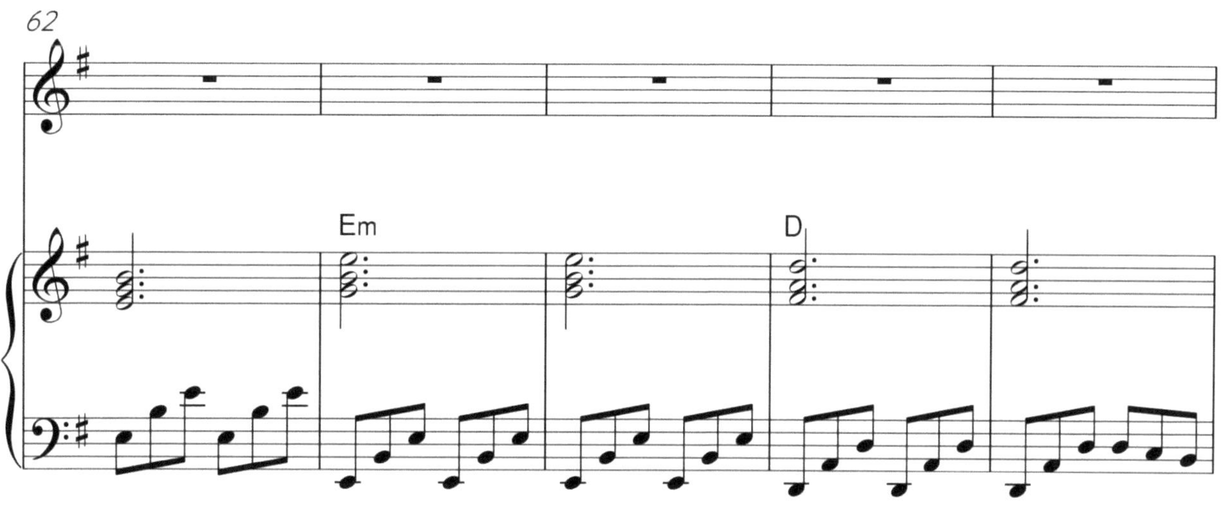

62
Em
D

67
Solo
Uuuuh....
Uuuuh....
Am
C
Em
C

72
Uuuuh....
Em
C

Uuuuh....
D(SUS 4)
D
Chor
C
Schlaf ein, En-gel be- schüt-zen dich. Schlaf

Uuuuh....
Em
C
ein, En-gel be-schüt-zen dich. Schlaf ein, En-gel be-schüt-zen dich. Schlaf

D(SUS 4)
D
Em
fine (4.x)
4x
ein, En-gel be-schüt-zen dich. Schlaf ein, En-gel be-schüt-zen dich. Schlaf

Eure Kinder

Bianca Balzer

Zu - kunft sind wir.___ Wie-viel Gift fließt ins_ Meer?___
Pa - pa, bit-te, sag es mir. Tie-re gibt es bald nicht mehr.___
A - tom-müll liegt hier rum.___ Die Ent - sor - gung, Ma - ma wer
küm-mert sich drum?_ Macht und Geld re-gier'n die Welt.___
Denkt ihr nicht nach, ist's euch e - gal?___ Was aus uns
wird, wa-rum sind wir denn da?_ Macht die Au-gen auf_ und seht,
___ wer vor euch steht.___ Wa-rum seht ihr es nicht?___
Wir sind eu - er Licht!_______ Wir sind eu - re eig - nen Kin - der,_
wol-len ler - nen, la - chen, spiel'n. Frie-den, Zeit und
Lie - be brau-chen wir,___ eu - re Zu - kunft sind wir.___

Un-s're Flüs-se flie-ßen grau.__ Auf den Au-to-bah-nen im-mer Stau.
Der Wald nimmt nur noch ab.__ Müll und Schmutz füll'n das
Meer. Die Na-tur zer-stö-ren ist nicht schwer. Macht und Geld re-gier'n die Welt.
__ Denkt ihr nicht nach, ist's euch e-gal?__
Was aus uns wird, wa-rum sind wir denn da?_ Macht die
Au-gen auf_ und_ seht,__ wer vor euch steht.__ Wa-rum seht ihr es nicht?
__ Wir sind eu-er Licht!________ Wir sind eu-re eig-nen Kin-
der, wol-len ler-nen, la-chen, spiel'n. Frie-den,
Zeit und Lie-be brau-chen wir,__
eu-re Zu-kunft sind wir.__ Wir sind
fine (2.x)

1. Strophe:
Was ist los in dieser Welt?
Hat denn niemand Zeit und niemand Geld,
uns're Träume zu erfüll'n?
Ich bin dein Kind, doch nicht blind.
Hab Gefühle, spür, dass was nicht stimmt.
Selbst die Frage hörst du nicht.
Mach die Augen auf und seh.
Wenn ich weinend, bittend vor dir steh.
Ich bin dein Kind, dein Leben, wolltest du mich nicht?
Die Sonne strahlt dir, doch mitten ins Gesicht!

Refrain:
Wir sind eure eignen Kinder, wollen lernen, lachen, spiel'n.
Frieden, Zeit und Liebe brauchen wir, eure Zukunft sind wir.

2. Strophe:
Wieviel Gift fließt ins Meer?
Papa, bitte, sag es mir.
Tiere gibt es bald nicht mehr.
Atommüll liegt hier rum.
Die Entsorgung, Mama wer kümmert sich drum?
Macht und Geld regier'n die Welt.
Denkt ihr nicht nach, ist's euch egal?
Was aus uns wird, warum sind wir denn da?
Macht die Augen auf und seht, wer vor euch steht.
Warum seht ihr es nicht?
Wir sind euer Licht!

Refrain

3. Strophe:
Uns're Flüsse fließen grau.
Auf den Autobahnen immer Stau.
Der Wald nimmt nur noch ab.
Müll und Schmutz füll'n das Meer.
Die Natur zerstören, ist nicht schwer.
Macht und Geld regier'n die Welt.
Denkt ihr nicht nach, ist's euch egal?
Was aus uns wird, warum sind wir denn da?
Macht die Augen auf und seht, wer vor euch steht.
Warum seht ihr es nicht?
Wir sind euer Licht!

Refrain (2x)

Eure Kinder

Bianca Balzer

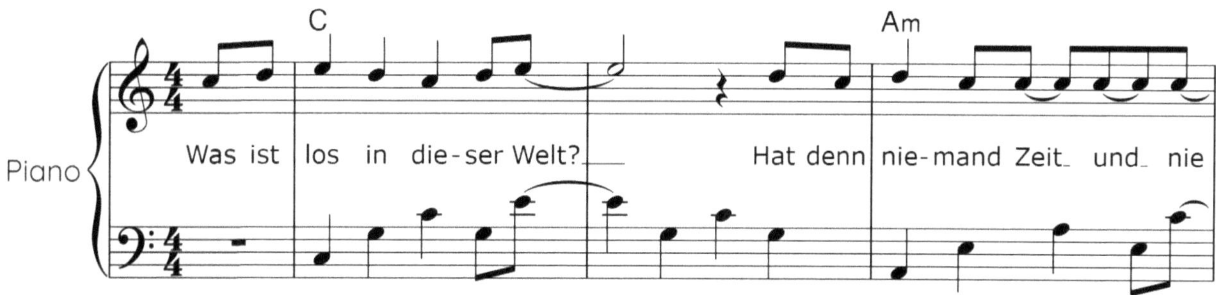

C
17
Am
Mach die Au-gen auf_ und seh._
22 G
F
Wenn ich wei-nend, bit-tend vor_ dir_ steh.
26 C
Am
Ich bin dein Kind,_ dein Le-ben, woll-test du_ mich nicht?_ Die
30 G
F
Son-ne strahlt_ dir,_ doch mit-ten ins Ge-sicht!_ Wir sind
34 C
Am
G
eu- re eig - nen Kin - der, wol-len ler - nen,

la - chen, spiel'n. Frie-den, Zeit und Lie - be
brau-chen wir,__ eu-re Zu - kunft sind wir.__
Wie-viel Gift fließt ins_ Meer?__ Pa-pa, bit-te,
sag es mir._ Tie-re gibt es bald nicht mehr.__
A - tom-müll liegt hier rum.__ Die Ent- sor-gung, Ma-ma wer

küm-mert sich drum?_
Macht und Geld re-gier'n die Welt._
Denkt ihr nicht nach,ist's euch e-gal?_
Was aus uns wird, wa-rum sind wir denn da?_
Macht die Au-gen auf_ und seht,_ wer vor euch steht._ Wa-
rum seht ihr es nicht?_ Wir sind eu - er Licht!_ Wir sind

82 C Am G
eu - re eig - nen Kin - der, wol-len ler - nen,
87 F C
la - chen, spiel'n. Frie-den, Zeit und Lie - be
92 Am G F
brau-chen wir,__ eu-re Zu - kunft sind wir.__
97 C Am
Flüs-se flie-ßen grau.__ Auf den Au - to-bah-nen
101 G F
im-mer Stau. Der Wald nimmt nur noch ab.__

105
C
Am
Müll und Schmutz füll'n das Meer. Die Na - tur zer - stö - ren
109
G
F
ist nicht schwer. Macht und Geld re-gier'n die Welt.
113
C
Am
Denkt ihr nicht nach, ist's euch e-gal?
118
G
F
Was aus uns wird, wa-rum sind wir denn da?
122
C
Am
Macht die Au-gen auf_ und seht,_ wer vor euch steht._ Wa-

126 G   F
rum seht ihr es nicht?   Wir sind eu - er Licht!   Wir sind
130 C   Am
eu - re eig - nen Kin - der,   wol-len
134 G   F   C
ler - nen, la - chen, spiel'n.   Frie-den, Zeit   und
139   Am   G
Lie - be   brau-chen wir,   eu-re
143   F   fine (2.x)
Zu - kunft sind wir.   Wir sind